Die Spätschriften der Bibel

Die Apokryphen des Alten Testaments

Das 3. Buch der Apokryphen aus der Bibel

Das Buch Tobit

*Wie ein Engel
über dem Leben des Menschen wacht,
es beschützt und
sicher leitet*

*Übersetzung nach
Hermann Menge 1926*

Bibliografische Information der Deutschen Nationalbibliothek:
Die Deutsche Nationalbibliothek verzeichnet diese Publikation in der Deutschen Nationalbibliografie; detaillierte bibliografische Daten sind im Internet über http://dnb.dnb.de abrufbar.

TWENTYSIX – Der Self-Publishing-Verlag
Eine Kooperation zwischen der Verlagsgruppe Random House und BoD – Books on Demand

Herstellung und Verlag:
BoD – Books on Demand, Norderstedt

ISBN: 978-3-740-77253-6

Übersetzung: **Hermann Menge 1926**

Layout, Schriftsatz, Formatierung:
Antonia Katharina Tessnow
www.antonia-katharina.de

1. Kapitel

Des alten Tobias Gottesfurcht und Kreuz

1 Das Buch der Geschichte Tobits (Tobi = Tobias), des Sohnes Tobiels, des Sohnes Ananiels, des Sohnes Aduels, des Sohnes Gabaels, des Sohnes Raphaels, des Sohnes Raguels, aus dem Geschlecht Asiels, vom Stamme Naphthali,

2 welcher zur Zeit des assyrischen Königs Enemessar in die Gefangenschaft weggeführt worden war aus Thisbe, einer Ortschaft, die südlich von Kades-Naphthali in Galiläa oberhalb Aser liegt.

I. Vorgeschichte:

Tobit, der Vater, berichtet über seine Lebensschicksale

3 Ich, Tobit, bin mein ganzes Leben hindurch auf den Wegen der Wahrheit und Gerechtigkeit gewandelt und habe meinen Brüdern und meinem Volke, die mit mir ins Land der Assyrer nach Ninive gezogen waren, viele Wohltaten erwiesen.

4 Als ich mich noch während meiner Jugendzeit in meiner Heimat, im Lande Israel, befand, hatte sich der ganze Stamm meines Ahnen Naphthali vom Hause Jerusalems losgesagt, welches unter allen israelitischen Stämmen auserwählt worden war, damit alle Stämme dort opferten, und der Tempel war dort der Wohnstätte des Höchsten geweiht und für alle zukünftigen Geschlechter erbaut worden.

5 Und alle Stämme, die sich an dem Abfall beteiligt hatten, opferten der Baalskuh, auch das Haus meines Ahnen Naphthali.

6 Ich allein zog oft an den großen Festen nach Jerusalem, wie dies allen Israeliten durch eine ewige Satzung vorgeschrieben ist; dabei nahm ich die Erstlinge und die Zehnten der

Bodenerzeugnisse und die Erstlinge der Schafschur mit und übergab sie den Priestern, den Nachkommen Aarons, für den Altardienst.

7 Ebenso gab ich von allen Bodenerzeugnissen den Zehnten an die Leviten ab, die in Jerusalem den heiligen Dienst versahen; den zweiten Zehnten aber verkaufte ich und verwandte ihn alljährlich bei meiner Reise in Jerusalem.

8 Den dritten Zehnten aber gab ich denen, für die er bestimmt war, wie es mir Debora, die Mutter meines Vaters, geboten hatte; denn ich war als Waise von meinem Vater zurückgelassen worden.

9 Als ich dann ins Mannesalter gekommen war, heiratete ich eine Verwandte namens Anna, und sie gebar mir einen Sohn Tobias.

10 Als wir hierauf nach Ninive in die Gefangenschaft weggeführt waren, aßen alle meine Stammes- und Volksgenossen dieselben Speisen wie die Heiden;

11 ich aber hütete mich gewissenhaft, davon zu essen,

12 weil ich Gottes von ganzem Herzen eingedenk war.

13 So verlieh mir denn der Höchste, Gnade und Gunst bei Enemessar zu finden, dessen Einkäufer ich wurde.

14 Ich machte Reisen nach Medien und hinterlegte bei Gabael, dem Bruder des Gabrias zu Rages in Medien, zehn Talente Silber.

15 Als dann Enemessar starb, wurde sein Sohn Sennacherim König an seiner Statt. Seine Regierung war eine sehr unruhige, und ich konnte nicht mehr nach Medien reisen.

16 Während der Regierung Enemessars hatte ich meinen Volksgenossen viele Wohltaten erwiesen;

17 ich hatte mein Brot den Hungernden und Kleidung den Entblößten gegeben; und wenn ich einen aus meinem Volke sah, dessen Leiche man hinter die Mauer von Ninive geworfen hatte, so hatte ich ihn begraben.

18 Und wenn der König Sennacherim, nachdem er als Flüchtling aus Judäa zurückgekehrt war, jemanden hatte töten lassen, begrub ich ihn heimlich; denn

viele ließ er in seinem Zorn hinrichten, deren Leichen dann vom König gesucht und nicht gefunden wurden.

19 Nun ging aber einer von den Niniviten hin und zeigte dem Könige an, daß ich es sei, der sie insgeheim begrübe, und ich mußte mich verbergen. Als ich aber erfuhr, daß man nach mir suchte, um mich zu töten, fürchtete ich mich und begab mich auf die Flucht.

20 Da wurde mein ganzes Vermögen eingezogen, und mir blieb nichts übrig als meine Frau Anna und mein Sohn Tobias.

21 Aber ehe noch fünfzig Tage vergangen waren, wurde der König von zweien seiner Söhne ermordet, die sich dann in das Bergland Ararat flüchteten. Sein Sohn Sacherdon wurde hierauf König an seiner Statt und setzte Achjachar, den Sohn meines Bruders Anael, über das ganze Geldwesen seines Reiches und über die ganze Verwaltung.

22 Achjahar verwandte sich nun für mich, und so konnte ich wieder nach Ninive zurückkehren. Dieser Achjachar war aber Mundschenk, Siegelbewahrer,

Kanzler und Finanzminister, und Sacherdon hatte ihm die höchste Stelle im Reiche übertragen; er war aber mein Neffe.

2. Kapitel

Tobias wird blind und zeigt gegen seine Freunde und seine Gattin sein Gottvertrauen.

1 Als ich nun in mein Haus zurückgekehrt und meine Frau Anna und mein Sohn Tobias mir zurückgegeben waren, da wurde am Pfingstfest, d.h. am heiligen Feste der sieben Wochen, ein schönes Mahl bei mir zubereitet, und ich ließ mich nieder, um zu essen.

2 Als ich nun die vielen Speisen sah, sagte ich zu meinem Sohne: 'Geh, und wenn du unter unsern Volksgenossen irgend einen Notleidenden findest, der des Herrn eingedenk ist, so bringe ihn her: ich will unterdessen auf dich warten'.

3 Bei seiner Rückkehr sagte er: 'Vater, einer von unserm Volke liegt erdrosselt auf dem Marktplatze'.

4 Sofort, ohne etwas genossen zu haben, sprang ich auf und brachte ihn in ein Gebäude, bis die Sonne untergegangen war.

5 Nach meiner Rückkehr wusch ich mich und verzehrte mein Mahl in Trauer.

6 Dabei fielen mir die prophetischen Worte des Amos ein, die da lauten: 'Eure Feste sollen sich in Trauer verwandeln und all euer Frohlocken in Wehklagen'.

7 Ich mußte weinen; und als die Sonne untergegangen war, ging ich hin, grub ein Grab und bestattete ihn.

8 Meine Nachbarn verlachten mich und sagten: 'Er fürchtet sich nicht mehr, wegen solcher Tat hingerichtet zu werden; er hat fliehen müssen und begräbt nun doch schon wieder die Toten'.

9 In derselben Nacht schlief ich nach meiner Rückkehr vom Begräbnis, weil ich verunreinigt war, neben der Hofmauer, und zwar mit unbedecktem Gesicht.

10 Ich wußte nicht, daß Sperlinge in der Mauer waren; und während meine Augen geöffnet waren, schmeißten die Sperlinge heiß in meine Augen. Als sich nun weiße

Flecke darin gebildet hatten, wandte ich mich an die Ärzte, die mir aber nicht helfen konnten. Achjachar sorgte nun für meinen Unterhalt, bis er nach Elymais zog.

11 Nun fertigte meine Frau Anna in ihrer Frauenwohnung Wollarbeiten an, die sie an die Kaufherren ablieferte;

12 diese zahlten ihr den Lohn aus und schenkten ihr obendrein noch ein Böckchen.

13 Als sie nun zu mir heimgekehrt war, fing das Tier an zu schreien. Da fragte ich sie: 'Woher kommt das Böckchen? Es ist doch nicht gestohlen? Gib es seinen Eigentümern zurück; denn es ist nicht recht, gestohlenes Gut zu essen'.

14 Doch sie erwiderte: 'Als Geschenk ist es mir zu dem Lohne hinzugegeben'. Da ich ihr aber nicht glaubte, befahl ich ihr, es den Eigentümern zurückzugeben, und errötete im Zorn vor ihr. Da antwortete sie mir mit den Worten: 'Wo sind nun jetzt deine Almosen und deine Mildtätigkeit? Siehe, wie es mit dir steht, das liegt nun klar zu Tage!'

3. Kapitel

*Gebet des alten Tobias in Ninive
und der gekränkten Sara in Ekbatana*

1 Da wurde ich tief betrübt und weinte, und in meinem Schmerz betete ich also:

2 'Gerecht bist du, o Herr! Alle deine Werke und alle deine Wege sind Erbarmen und Treue, und das Gericht, welches du übst, ist wahrhaftig und gerecht in Ewigkeit.

3 Gedenke meiner und blicke gnädig auf mich her! Strafe mich nicht nach meinen Sünden und nach meinen Verfehlungen und nach den Vergehen, deren meine Väter sich vor dir schuldig gemacht haben.

4 Denn sie haben deine Gebote übertreten, und so hast du uns zur Ausplünderung, zur Gefangenschaft und zum Tode hingegeben und uns zum Gegenstand des Spottes und Hohnes für alle Heiden gemacht, unter die wir zerstreut sind.

5 Und nun sind auch deine vielen Gerichte wahrhaftig, die du an mir

vollziehen willst wegen meiner und meiner Väter Sünden, weil wir deine Gebote nicht gehalten haben; denn wir sind nicht in Aufrichtigkeit vor dir gewandelt.

6 Und nun verfahre mit mir nach deinem Wohlgefallen; gebiete, daß mein Geist von mir genommen werde, damit ich abscheide und Erde werde; denn für mich ist es besser zu sterben als zu leben. Ich habe ja lügnerische Schmähungen hören müssen, und tiefe Betrübnis ist in mir. Gebiete, daß ich aus dieser Notlage befreit werde und schon jetzt an die ewige Stätte gelange. Wende dein Angesicht nicht von mir ab!'

II. Entsendung des Tobias nach Ekbatana unter Raphaels Führung

7 An demselben Tage begab es sich, daß auch Sara, die Tochter Raguels zu Ekbatana in Medien, von den Mägden ihres Vaters verhöhnt wurde.

8 Sie war nämlich schon mit sieben Männern verheiratet gewesen, aber Asmodäus, der böse Geist, hatte sie alle sterben lassen, ehe sie die Ehe mit ihr vollzogen hatten. Sie sagten also zu ihr: 'Du bist wohl nicht bei Sinnen, daß du deine Männer ums Leben bringst? Schon sieben hast du gehabt, aber den Namen keines von ihnen getragen.

9 Was schlägst du uns? Wenn sie gestorben sind, so folge ihnen nach! Wir möchten nun und nimmer einen Sohn oder eine Tochter von dir zu sehen bekommen!'

10 Als sie dies hörte, wurde sie tief betrübt, daß sie sich erhängen wollte; doch sie dachte: 'Ich bin das einzige Kind meines Vaters. Tue ich dies so ist's eine Schande für ihn, und ich bringe sein Greisenalter mit Herzeleid in die Unterwelt'.

11 Dann betete sie an einem Fenster mit den Worten: 'Gepriesen seist du, Herr, mein Gott, und gepriesen sei dein heiliger und ehrwürdiger Name in Ewigkeit! Preisen müssen dich alle deine Werke ewiglich!

12 Jetzt aber, Herr, habe ich meine Augen und mein Antlitz auf dich gerichtet.

13 Gebiete, daß ich von der Erde abberufen werde und keine Schmähung mehr anzuhören brauche.

14 Du weißt, Herr, daß ich rein bin von jeder Sünde mit einem Mann

15 und daß ich meinen Namen und den Namen meines Vaters nicht entehrt habe in diesem Lande unserer Gefangenschaft. Ich bin die einzige Tochter meines Vaters, und er hat weiter kein Kind, das ihn beerben könnte; es ist auch kein naher Verwandter vorhanden und kein Sohn eines solchen, für den ich mich als Weib erhalten sollte. Schon sind mir sieben Männer gestorben; wozu noch länger leben? Gefällt es dir aber nicht, mich sterben zu lassen, so gebiete, daß man Rücksicht auf mich nehme und Mitleid mit mir habe, damit ich keine Schmähung mehr zu hören brauche'.

16 Und das Gebet beider fand Erhörung vor der Herrlichkeit des großen Gottes,

17 und Raphael wurde abgesandt, die beiden zu heilen, nämlich die weißen

Flecken von Tobits Augen wegzuschaffen und Sara, die Tochter Raguels, mit Tobias, dem Sohne Tobits, zu vermählen und den bösen Geist Asmodäus zu fesseln, weil Tobias ein Recht habe, durch sie der Erbe zu werden. Zu gleicher Zeit kehrte Tobit in sein Haus zurück, und Raguels Tochter Sara stieg aus ihrem Obergemach hernieder.

4. Kapitel

Des Tobias letzter Wille an seinen Sohn

1 An diesem Tage erinnerte sich Tobit des Geldes, das er bei Gabael zu Rages in Medien hinterlegt hatte.

2 Da dachte er bei sich: 'Ich habe mir den Tod gewünscht; warum rufe ich nun nicht meinen Sohn Tobias, damit ich ihm Mitteilung von der Sache mache, ehe ich sterbe?'

3 Nachdem er ihn also herbeigerufen hatte, sagte er zu ihm: 'Mein Sohn, wenn ich sterbe, so begrabe mich und vernachlässige deine Mutter nicht; ehre

sie dein Leben lang, tue, was ihr wohlgefällt, und betrübe sie nicht.

4 Bedenke, mein Sohn, daß sie deinetwegen vielen Gefahren ausgesetzt gewesen ist, während sie dich unter dem Herzen trug; wenn sie stirbt, begrabe sie bei mir in demselben Grabe.

5 Dein Leben lang, mein Sohn, bleibe des Herrn, deines Gottes eingedenk und hüte dich vor der Sünde und vor der Übertretung seiner Gebote. Übe Gerechtigkeit, solange du lebst, und wandle nicht auf den Wegen des Unrechts;

6 denn wenn du ehrenhaft handelst, werden dir alle deine Unternehmungen gelingen.

7 Und allen denen, die redlich handeln, erweise Barmherzigkeit von deinem Vermögen und laß dein Auge nicht mißgünstig sein, wenn du Almosen spendest. Wende dein Angesicht von keinem Armen weg, so wird auch Gottes Angesicht sich nicht von dir wegwenden.

8 Jenachdem dein Vermögen es gestattet, übe Mildtätigkeit; hast du nur wenig, so scheue dich nicht, dem

Wenigen entsprechend Wohltaten zu erweisen;

9 denn dadurch sammelst du dir einen reichen Schatz für die Zeit der Not;

10 denn Almosengeben rettet vom Tode und verhütet, daß man in das Reich der Finsternis eingeht;

11 denn Almosengeben ist ein treffliches Opfer für alle, die es vor dem Höchsten üben.

12 Hüte dich, mein Sohn, vor aller Unzucht und nimm dir vor allen Dingen ein Weib aus den zum Volke deiner Väter Gehörigen; nimm dir kein fremdes Weib, das nicht zum Stamme deines Vaters gehört; denn wir sind Nachkommen von Propheten. Noah, Abraham, Isaak und Jakob, unsere Väter von der Urzeit her, – bedenke wohl, mein Sohn, daß sie alle Weiber aus ihren Volksgenossen genommen haben und in ihren Kindern gesegnet worden sind, und daß ihre Nachkommen das Land (Kanaan) besitzen sollen.

13 Und nun, mein Sohn, liebe deine Brüder und wende dich nicht hochmütigen Herzens von deinen

Brüdern und von den Söhnen und Töchtern deines Volkes ab, daß du dir nicht ein Weib aus ihnen nehmen wolltest; denn im Hochmut liegt Unheil und viel Unruhe und in nichtsnutzigem Wesen Verarmung und großer Mangel; denn das nichtsnutzige Wesen ist die Mutter des Hungers.

14 Laß den Lohn eines Menschen, der für dich arbeitet, nicht in deinem Hause übernachten, sondern zahle ihn sogleich aus. Wenn du so deinem Gott dienst, wirst du dafür belohnt werden. Habe acht auf dich, mein Sohn, in allem, was du tust, und benimm dich wohlerzogen in deinem ganzen Wandel.

15 Tue niemandem, was dir selbst widerwärtig ist. Wein trinke nicht bis zur Trunkenheit, und laß die Trunksucht nicht deine Gefährtin auf dem Lebenswege sein.

16 Von deinem Brote gib dem Hungrigen und von deinen Kleidern denen, die ungenügend gekleidet sind. Alles, was du übrig hast, verwende zur Wohltätigkeit und laß dein Auge nicht

mißgünstig blicken, wenn du Wohltaten erweisest.

17 Spende deine Brote reichlich beim Begräbnis der Gerechten, aber den Gottlosen gib nichts.

18 Suche Rat bei jedem einsichtigen Manne und verschmähe keinen nützlichen Ratschlag.

19 Allezeit preise Gott den Herrn und bitte ihn, daß deine Wege geebnet seien und alle deine Pfade und Pläne guten Erfolg haben mögen. Denn niemand hat Gewalt über seine Pläne, sondern der Herr ist's der allen Segen verleiht und der auch erniedrigt, wen er will, nach seinem Belieben. Und nun, mein Sohn, bleibe meiner Ermahnungen eingedenk und laß sie aus deinem Herzen nicht entschwinden. –

20 Jetzt aber mache ich dir noch Mitteilung von den zehn Talenten Silber, die ich bei Gabael, dem Sohn des Gabrias, zu Rages in Medien hinterlegt habe.

21 Und laß dir nicht angst sein, mein Sohn, weil wir arm geworden sind. Du bist reich genug, wenn du Gott fürchtest

und dich von aller Sünde fern hältst und das tust, was ihm wohlgefällt'.

5. Kapitel

Der junge Tobias erhält einen Engel zum Geleitsmann nach Medien

1 Darauf antwortete Tobias folgendermaßen: 'Vater, ich will alles tun, was du mir geboten hast.

2 Aber wie werde ich das Geld erhalten können, da ich den Mann gar nicht kenne?'

3 Da gab er ihm den Schuldschein und sagte zu ihm: 'Suche dir einen Mann als Reisegefährten; ich will ihm Lohn zahlen, solange ich lebe. Dann mache dich auf den Weg und nimm das Geld in Empfang'.

4 Hierauf ging Tobias aus dem Hause, um einen Mann zu suchen, und fand den Raphael, – der ein Engel war, was er aber nicht wußte;

5 er sagte zu ihm: 'Könnte ich wohl mit

dir nach Rages in Medien reisen, und kennst du die Gegenden?'

6 Der Engel antwortete ihm: 'Ich will mit dir reisen, ich kenne den Weg gut; ich habe bei unserem Bruder Gabael gewohnt'.

7 Da sagte Tobias zu ihm: 'Warte auf mich, ich will's meinem Vater mitteilen'.

8 Er erwiderte ihm: 'Geh nur, aber bleibe nicht zu lange aus'. – Er ging nach Hause und sagte zu seinem Vater: 'Siehe, ich habe einen Reisegefährten gefunden'. Da sagte der Vater: 'Rufe ihn her, damit ich erfahre von welchem Stamme er ist und ob man Vertrauen zu ihm haben kann, daß er dich auf der Reise begleite'.

9 Er rief ihn also, und als er eingetreten war, begrüßten sie sich.

10 Tobit fragte ihn dann: 'Mein Bruder, aus welchem Stamme und aus welcher Familie bist du? Sage es mir'.

11 Jener antwortete: 'Willst du Stamm und Familie ausfindig machen oder einen Lohndiener, der deinen Sohn auf der Reise begleiten soll?' Tobit gab ihm zur Antwort: 'Mein Bruder, ich möchte deine Herkunft und deinen Namen wissen'.

12 Jener antwortete: 'Ich bin Asarja, der Sohn des großen Ananja, von deinen Verwandten'.

13 Da sagte Tobit zu ihm: 'Sei willkommen, Bruder, und sei mir nicht böse, daß ich deinen Stamm und deine Familie habe erfahren wollen. Da bist du ja ein Verwandter von mir aus guter und trefflicher Familie. Ich habe ja den Ananja und Jonathan, die Söhne Simeis des Großen, kennen gelernt, als wir zusammen nach Jerusalem zogen, um dort anzubeten, und die Erstlinge und Zehnten des Feldertrags dahin zu bringen; ja, sie haben sich nicht fortreißen lassen zu den Verirrungen unserer Brüder; du bist von gutem Stamme, mein Bruder.

14 Aber sage mir: welchen Lohn soll ich dir geben? Etwa eine Drachme täglich und was du für deinen Unterhalt brauchst, wie auch mein Sohn?

15 Ich will dir auch noch etwas zu dem Lohn hinzulegen, wenn ihr gesund heimkehrt'.

16 Auf diese Bedingungen hin schlossen sie den Vertrag ab. Dann sagte er zu

Tobias: 'Mache dich reisefertig und zieht glücklich eures Weges!' Als dann der Sohn sich reisefertig gemacht hatte, sagte sein Vater zu ihm: 'Ziehe hin mit diesem Manne! Gott aber, der im Himmel wohnt, möge eure Reise segnen, und sein Engel möge euch begleiten!' So machten sich denn beide auf den Weg, und der Hund des Jünglings lief mit ihnen.

17 Aber seine Mutter Anna fing an zu weinen und sagte zu Tobit: 'Warum hast du unser Kind fortgeschickt? Ist er nicht die Stützte für unsere Hand, solange er vor unsern Augen aus- und eingeht?

18 Das Geld brauchte nicht zum Gelde hinzuzukommen, sondern hätte das Lösegeld für das Leben unseres Kindes darstellen sollen!

19 Denn soviel uns vom Herrn zum Lebensunterhalt gegeben worden ist, das genügt für uns'.

20 Doch Tobit antwortete ihr: 'Rege dich nicht auf, meine Schwester! Er wird gesund heimkehren, und deine Augen werden ihn wiedersehen;

21 denn ein guter Engel wird mit ihm ziehen; seine Reise wird glücklich

verlaufen, und er wird gesund zurückkehren'. Da hörte sie auf zu weinen.

6. Kapitel

Der große Fisch und der Rat des Engels

III. Reise und Heirat des Tobias

1 Die beiden Reisenden kamen nun abends an den Fluß Tigris und übernachteten dort.

2 Als nun der junge Mann ins Wasser stieg, um sich zu baden, sprang ein Fisch aus dem Strom und wollte ihn verschlingen.

3 Der Engel aber rief ihm zu: 'Fasse den Fisch!' Da ergriff der junge Mann den Fisch und warf ihn ans Land.

4 Hierauf sagte der Engel zu ihm: 'Schneide den Fisch auf, nimm Herz,

Leber und Galle heraus und hebe sie sorgfältig auf!'

5 Der junge Mann tat, wie der Engel ihm geboten hatte; den Fisch aber brieten und aßen sie. Beide zogen dann weiter, bis sie in die Nähe von Ekbatana kamen.

6 Da fragte der junge Mann den Engel: 'Bruder Asarja, was hat's denn für eine Bewandtnis mit dem Herzen, der Leber und der Galle des Fisches?'

7 Er antwortete ihm: 'Was Herz und Leber betrifft, so muß man sie, wenn ein Dämon oder böser Geist jemanden plagt, sei es ein Mann oder eine Frau, vor ihnen in Rauch aufgehen lassen, so werden sie nicht mehr geplagt.

8 Die Galle aber dient dazu, daß man einen Menschen damit bestreiche, der weiße Flecken in den Augen hat; er wird dadurch geheilt werden'.

9 Als sie sich dann Ekbatana näherten, sagte der Engel zu Tobias:

10 'Bruder, heute werden wir bei Raguel übernachten; er ist dein Verwandter und hat eine Tochter namens Sara.

11 Ich will ihretwegen mit ihm reden, daß sie dir zur Frau gegeben werde;

denn ihr Erbteil kommt dir zu, weil du der einzige bist, der zu ihrer Familie gehört, und das Mädchen ist schön und klug.

12 Und nun höre mich an! Ich will mit ihrem Vater reden, und wenn wir aus Rages zurückgekehrt sind, wollen wir die Hochzeit feiern. Ich weiß, daß Raguel sie nach dem mosaischen Gesetz keinem andern Manne verheiraten kann, ohne des Todes schuldig zu sein; denn dir kommt die Erbschaft vor jedem andern zu.

13 Darauf sagte der junge Mann zu dem Engel: 'Bruder Asarja, ich habe gehört, daß das Mädchen schon an sieben Männer verheiratet gewesen ist und daß sie alle im Brautgemach ums Leben gekommen sind.

14 Nun bin ich der einzige Sohn meines Vaters, und ich fürchte, wenn ich da hineingehe, daß ich auch sterben muß wie die früheren; denn es liebt sie ein Dämon, der keinem etwas zu leide tut außer denen, die sich ihr nahen. Und so fürchte ich auch sterben zu müssen und so das Leben meines Vaters und meiner Mutter mit Betrübnis über mich ins Grab

zu bringen; und dann ist kein anderer Sohn für sie da, der sie begraben könnte'.

15 Da antwortete ihm der Engel: 'Denkst du denn nicht mehr an die Mahnung, die dein Vater an dich gerichtet hat, du möchtest eine Frau aus deiner Verwandtschaft nehmen? Höre mich nur an, mein Bruder: sie wird deine Frau werden. Um den Dämon mache dir keine Sorgen; noch heute Abend wird sie dir zur Frau gegeben werden.

16 Wenn du dann ins Brautgemach eintrittst, nimmst du Glutasche von Räucherwerk, legst ein Stück von dem Herzen und von der Leber des Fisches darauf und räucherst damit.

17 Sobald der Dämon das riecht, wird er die Flucht ergreifen und in alle Ewigkeit nicht wiederkommen. Wenn du dann zu ihr hingehst, so erhebt euch beide und ruft den barmherzigen Gott an; der wird euch bewahren und sich euer annehmen. Fürchte dich nicht, denn sie ist dir von jeher bestimmt gewesen, und du wirst sie retten. Sie wird dann mit dir ziehen, und ich zweifle nicht, daß du Kinder von ihr erhalten wirst'. Als Tobias dies vernahm,

faßte er Liebe zu ihr und sein Herz neigte sich ihr innig zu.

7. Kapitel

Die Vermählung des Tobias mit Sara

1 Als sie nun nach Ekbatana gekommen und in das Haus Raguels gelangt waren, kam Sara dem Tobias entgegen und begrüßte ihn. Nachdem er ihren Gruß erwidert hatte, führte sie beide ins Haus hinein.

2 Da sagte Raguel zu seiner Frau Edna: 'Wie ähnlich ist doch dieser junge Mann meinem Vetter Tobit!'

3 Raguel fragte sie dann: 'Woher seid ihr, meine Brüder?' Sie antworteten ihm: 'Wir sind Naphthaliter aus der Zahl der Kriegsgefangenen in Ninive'.

4 Darauf fragte er sie: 'Kennt ihr unsern Bruder Tobit?' Als sie mit »Ja« geantwortet hatten, fragte er sie: 'Ist er gesund?'

5 Sie sagten: 'Er lebt und ist gesund', und Tobias fuhr fort: 'Er ist mein Vater'.

6 Da sprang Raguel auf, küßte ihn und weinte;

7 dann segnete er ihn und sagte: 'O du Sohn des guten und wackeren Mannes!' Als er dann erfuhr, daß Tobit das Augenlicht verloren habe, wurde er betrübt und weinte;

8 auch seine Frau Edna und seine Tochter weinten und nahmen sie herzlich auf;

9 sie schlachteten einen Schafbock und setzten ihnen ein reichliches Mahl vor. Tobias aber sagte zu Raphael: 'Bruder Asarja, rede doch von dem, was du unterwegs mit mir besprochen hast, damit die Sache abgemacht werde'.

10 Als jener nun dem Raguel Mitteilung von der Sache gemacht hatte, sagte Raguel zu Tobias: 'Iß und trink jetzt und sei guter Dinge; dir kommt es zu, meine Tochter zu erhalten; aber ich muß dir doch die Wahrheit sagen.

11 Ich habe mein Kind bereits sieben Männern gegeben, und allemal, wenn sie zu ihr eingingen, sind sie in derselben Nacht gestorben. Doch für jetzt laß dir's wohl sein!' Tobias aber antwortete: 'Ich

genieße hier nichts, bis ihr sie zu mir geführt und sie mir feierlich verlobt habt'.

12 Da sagte Raguel: 'Nimm sie gleich jetzt hin, wie das (mosaische) Gesetz es bestimmt; du bist ja ihr Bruder, und sie gehört dir; der barmherzige Gott aber schenke euch seinen reichsten Segen!'

13 Hierauf rief er seine Tochter Sara, faßte sie bei der Hand, gab sie dem Tobias als Gattin und sagte: 'Hier ist sie, nimm sie nach dem mosaischen Gesetz und führe sie zu deinem Vater!' Nachdem er sie hierauf gesegnet hatte,

14 rief er seine Frau Edna, nahm dann ein Blatt Papier, schrieb den Ehevertrag darauf und versah ihn mit seinem Siegel.

15 Darauf setzten sie sich zum Mahl nieder.

16 Raguel aber rief seine Frau Edna und sagte zu ihr: 'Liebe Schwester, setze das andere Zimmer in Bereitschaft und führe deine Tochter hinein'.

17 Sie kam der Weisung nach und führte Sara hinein, welche weinte. Sie wischte ihrer Tochter die Tränen ab und sagte:

18 'Mut, mein Kind! Der Herr des Himmels und der Erde wolle dir Freude

statt dieser deiner Trauer geben, fasse Mut, meine Tochter!'

8. Kapitel

*Wie der junge Tobias
seinen Ehestand gottselig angefangen*

1 Als sie nun fertig gespeist hatten, führten sie Tobias zu ihr hinein.

2 Dieser war aber beim Eintreten der Mitteilungen Raphaels eingedenk, nahm Glutasche vom Räucherwerk, legte das Herz und die Leber des Fisches darauf und räucherte damit.

3 Sobald der Dämon den Dunst roch, floh er in die fernsten Gegenden Oberägyptens, wo der Engel ihn in Fesseln legte.

4 Als nun die beiden in dem Zimmer eingeschlossen waren, stand Tobias von seinem Lager auf und sagte: 'Steh auf, liebe Schwester! wir wollen beten, daß der Herr uns gnädig sei'.

5 Dann sprach Tobias folgendermaßen: 'Gepriesen seist du, Gott unserer Väter,

und gepriesen sei dein heiliger und ruhmvoller Name in alle Ewigkeit! Preisen müssen dich die Himmel und alle deine Geschöpfe!

6 Du hast Adam geschaffen und ihm als Gehilfin und Stütze sein Weib Eva gegeben, von denen das Menschengeschlecht ausgegangen ist. Du hast gesagt: ›Es ist nicht gut, daß der Mensch allein sei; wir wollen ihm eine Gehilfin schaffen, die zu ihm paßt‹.

7 Und nun, Herr, nehme ich diese meine Schwester hier nicht um der Fleischeslust willen, sondern aus wahrer Zuneigung. Laß mich Gnade finden und mit ihr alt werden!'

8 Darauf sprachen sie beide zusammen 'Amen!'

9 und schliefen die Nacht über beieinander. Raguel aber war aufgestanden und hingegangen und hatte ein Grab gegraben,

10 indem er dachte: 'Wenn nur dieser nicht auch ums Leben kommt!'

11 Als er dann in sein Haus zurückgekehrt war,

12 sagte er zu seiner Frau Edna: 'Schicke

doch eine von den Mägden hin, um zuzusehen, ob er noch lebt; wenn nicht, so wollen wir ihn begraben, ohne daß jemand etwas erfährt'.

13 Als nun die Magd die Tür geöffnet hatte und hineingegangen war, fand sie beide schlafend;

14 bei ihrer Rückkehr meldete sie ihnen also, daß er noch lebe.

15 Da pries Raguel Gott mit den Worten: 'Gepriesen seist du, Gott, mit jeglichem reinen und heiligen Lobpreis! Preisen müssen dich alle deine Heiligen und alle deine Geschöpfe, alle deine Engel und deine Auserwählten in alle Ewigkeit!

16 Gepriesen seist du, daß du mich erfreut hast und daß mir das Unheil nicht widerfahren ist, das ich befürchtete, sondern daß du nach deiner großen Barmherzigkeit mit uns verfahren bist!

17 Gepriesen seist du, daß du dich dieser beiden einzigen Kinder erbarmt hast! Erweise ihnen Gnade, Herr, und laß sie ihr Leben vollenden in Gesundheit mit Freude und Erbarmen!'

18 Dann befahl er seinen Knechten, das Grab wieder zuzuwerfen,

19 und richtete ihnen eine Hochzeitsfeier her vierzehn Tage lang;

20 und ehe die Tage der Hochzeit zu Ende waren, beschwor Raguel den Tobias, er möge nicht abreisen, bevor die vierzehn Hochzeitstage abgelaufen wären;

21 alsdann solle er die Hälfte seines Vermögens in Empfang nehmen und wohlbehalten zu seinem Vater zurückkehren; die andere Hälfte solle er nach dem Tode seiner Schwiegereltern erhalten.

9. Kapitel

Gabael bezahlt seine Schuld an Tobias und kommt zu dessen Hochzeit

1 Darauf rief Tobias den Raphael und sagte zu ihm:

2 'Bruder Asarja, nimm einen Knecht und zwei Kamele mit dir und ziehe nach Rages in Medien zu Gabael; hole mir das Geld und bringe ihn mir selbst zur Teilnahme an der Hochzeit her;

3 denn Raguel hat mich beschworen, von hier nicht wegzugehen.

4 Mein Vater aber zählt die Tage, und wenn ich zu lange auf mich warten lasse, wird er sich sehr grämen'.

5 Da reiste Raphael hin, kehrte bei Gabael ein und überreichte ihm den Schuldschein; der aber brachte die versiegelten Säckchen und übergab sie ihm.

6 Dann machten sie sich zusammen am andern Morgen früh auf den Weg und kamen zur Hochzeit; und Gabael segnete den Tobias und seine Frau.

10. Kapitel

Die Sorge der Eltern um ihren Sohn

IV. Rückkehr des Tobias, Heilung Tobits, Abschied Raphaels

1 Unterdessen rechnete sein Vater Tobit täglich die Zeit nach, und als die für die Reise bestimmten Tage vorüber waren und er nicht zurückkam,

2 sagte er: 'Sollte er etwa zurückgewiesen worden sein? oder sollte Gabael gestorben sein und niemand ihm das Geld geben wollen?'

3 So war er tief bekümmert.

4 Seine Frau aber sagte zu ihm: 'Unser Sohn ist tot; deswegen bleibt er so lange aus'; und sie begann um ihn zu weinen und rief aus:

5 'Du machst mir Kummer, mein Kind, daß ich dich, das Licht meiner Augen, habe fortziehen lassen!'

6 Tobit aber sagte zu ihr: 'Schweig und sorge dich nicht; er ist gesund!'

7 Doch sie erwiderte ihm: 'Schweig und täusche mich nicht: mein Kind ist tot!' Und sie ging Tag für Tag an den Weg hinaus, auf dem er fortgegangen war; bei Tage nahm sie keine Nahrung zu sich, und nachts hörte sie nicht auf, ihren Sohn Tobias zu beweinen, bis die vierzehn Hochzeitstage vorüber waren, die er, wie

Raguel ihn beschworen hatte, dort zubringen musste.

8 Schließlich aber sagte Tobias zu Raguel: 'Laß mich ziehen, denn mein Vater und meine Mutter haben gewiß schon keine Hoffnung mehr, mich wiederzusehen'.

9 Da antwortete ihm sein Schwiegervater: 'Bleibe bei mir, ich will zu deinem Vater schicken und ihm Nachricht über dein Ergehen geben lassen'.

10 Doch Tobias entgegnete: 'Nein, laß mich zu meinem Vater zurückkehren!'

11 Da stand Raguel auf, übergab ihm seine Frau Sara und die Hälfte seines Vermögens an Sklaven, Vieh und Geld,

12 gab ihnen seinen Segen und entließ sie mit den Worten: 'Der Gott des Himmels lasse es euch gut ergehen, bevor ich sterbe!' Weiter sagte er zu seiner Tochter: 'Ehre deine Schwiegereltern, sie sind jetzt deine Eltern; möchte ich immer gute Kunde von dir vernehmen!' hierauf küßte er sie. Edna aber sagte zu Tobias: 'Lieber Bruder! der Gott des Himmels wolle dich glücklich heimführen und mir vergönnen, noch

Kinder von dir und meiner Tochter Sara zu sehen, damit ich mich freuen kann vor dem Herrn. Siehe, ich vertraue dir meine Tochter als ein Unterpfand an; betrübe sie nicht!'

13 Darauf zog Tobias weg, indem er Gott für den glücklichen Verlauf seiner Reise pries; unter Segenswünschen verabschiedete er sich dann von Raguel und dessen Frau Edna.

11. Kapitel

Heimkehr und Heilung

1 Unterwegs, als sie schon in die Nähe von Ninive gekommen waren, sagte Raphael zu Tobias: 'Du weißt doch, mein Bruder, in welchem Zustand du deinen Vater verlassen hast.

2 Wir wollen vorauseilen und deine Frau zurücklassen und das Haus instand setzen.

3 Nimm aber die Galle des Fisches zur Hand'. So machten sie sich denn auf den Weg, und der Hund lief hinter ihnen her.

4 Anna aber saß an der Straße und schaute nach ihrem Sohne aus.

5 Als sie ihn nun kommen sah, rief sie seinem Vater zu: 'Siehe, da kommt mein Sohn mit dem Manne, der ihn begleitet hat!'

6 Raphael hatte aber zu Tobias gesagt: 'Ich weiß, daß dein Vater das Augenlicht wiedererhalten wird.

7 Streiche du ihm also die Galle in die Augen, das wird ihn beißen und er wird sich die Augen reiben; dann werden die weißen Flecken abfallen, und er wird dich sehen'.

8 Anna lief also auf ihren Sohn zu, fiel ihm um den Hals und sagte: 'Ich habe dich wiedergesehen, mein Kind, nun will ich gern sterben!' und beide weinten.

9 Tobit kam an die Tür hinaus, stieß sich aber dabei; doch sein Sohn eilte auf ihn zu,

10 faßte seinen Vater und strich ihm die Galle in die Augen, indem er dabei sagte: 'Sei ohne Angst, mein Vater!'

11 Als er aber Schmerz empfand, rieb er sich die Augen;

12 da lösten sich die weißen Flecken wie

Schuppen von seinen Augenwinkeln ab, und als er seinen Sohn sah, fiel er ihm um den Hals

13 und weinte und rief aus: 'Gepriesen seist du, o Gott, und gepriesen sei dein Name ewiglich, und gepriesen seien alle deine heiligen Engel!

14 Du hast mich gezüchtigt und dich meiner erbarmt. Da sehe ich ja meinen Sohn Tobias!' Hierauf trat sein Sohn voller Freude ins Haus und erzählte seinem Vater die großen Dinge, die er in Medien erlebt hatte.

15 Tobit aber ging seiner Schwiegertochter freudig bis ans Tor von Ninive entgegen, indem er Gott pries; und alle, die ihn gehen sahen, waren verwundert darüber, daß er wieder sehen konnte;

16 Tobit aber sprach offen vor ihnen aus, daß Gott sich seiner erbarmt habe. Und als er mit seiner Schwiegertochter Sara zusammengetroffen war, wünschte er ihr Gottes Segen mit den Worten: 'Sei willkommen, meine Tochter! Gepriesen sei Gott, der dich zu uns geführt hat, und auch dein Vater und deine Mutter!' Und

Freude herrschte bei allen seinen Volksgenossen in Ninive.

17 Es stellte sich auch Achjachar mit seinem Neffen Nasbas ein,

18 und man feierte die Hochzeit des Tobias sieben Tage lang mit Freuden.

12. Kapitel

Der bisherige Begleiter des jungen Tobias gibt sich als Engel Raphael zu erkennen und verschwindet

1 Hierauf rief Tobit seinen Sohn Tobias und sagte zu ihm: 'Mein Sohn, denke an den Lohn für den Mann, der dich auf der Reise begleitet hat, und du mußt ihm auch etwas zulegen'.

2 Er antwortete: 'Mein Vater, ich leide keinen Schaden, wenn ich ihm die Hälfte von dem gebe, was ich mitgebracht habe.

3 Er hat mich ja doch gesund zu dir zurückgebracht, hat meiner Frau Heilung verschafft, hat mir das Geld geholt und auch dich geheilt'.

4 Da sagte der Alte: 'Das gebührt ihm'.

5 Er rief dann den Engel herbei und sagte zu ihm: 'Nimm die Hälfte von allem, was ihr mitgebracht habt, und ziehe hin mit Frieden!'

6 Da rief jener die beiden beiseite und sagte zu ihnen: 'Preist Gott und dankt ihm, gebt ihm die Ehre und dankt ihm vor allen Lebenden für das, was er an euch getan hat. Recht ist es, Gott zu preisen und seinen Namen zu verherrlichen, indem ihr die Werke Gottes mit Rühmen verkündet; ja, zögert nicht, ihm zu danken!

7 Es gebührt sich, das Geheimnis eines Königs verborgen zu halten, aber die Werke Gottes mit Rühmen zu verkündigen. Tut Gutes, so wird euch nichts Böses widerfahren.

8 Löblich ist Gebet in Verbindung mit Fasten und Almosengeben und Gerechtigkeit; besser ist ein kleiner Besitz mit Gerechtigkeit als ein großer mit Ungerechtigkeit; besser Almosen spenden als Gold aufhäufen.

9 Denn Wohltätigkeit errettet vom Tode, und diese ist es, die jede Sünde sühnt;

wer da Barmherzigkeit und Gerechtigkeit übt, wird langes Leben erlangen;

10 die Sünder aber sind Feinde ihres eigenen Lebens.

11 Ich will nichts vor euch geheim halten. Ich habe soeben gesagt, es sei löblich, das Geheimnis eines Königs verborgen zu halten, aber die Werke Gottes mit Rühmen zu verkünden.

12 Und nun als ihr euer Gebet darbrachtet, du und deine Schwiegertochter Sara, da war ich es, der euer Gebetsopfer vor den Heiligen brachte; und als du die Toten begrubest, da bin ich ebenso bei dir gewesen.

13 Und als du nicht zögertest aufzustehen und deine Mahlzeit zu verlassen, um hinzugehen und den Toten zu bestatten, da ist deine Liebestat mir nicht verborgen geblieben, sondern ich war bei dir.

14 Und jetzt hat Gott mich abgesandt, dich und deine Schwiegertochter Sara zu heilen.

15 Ich bin Raphael, einer von den sieben heiligen Engeln [einer der sieben Sohne Gottes (1)], welche die Gebete der

Heiligen hinaufbringen und Zutritt zu der Herrlichkeit des Heiligen haben'.

16 Da erschraken die beiden und warfen sich auf ihr Angesicht nieder, denn sie fürchteten sich.

17 Doch er sagte zu ihnen: 'Fürchtet euch nicht, Friede sei mit euch! Preist aber Gott ewiglich!

18 Denn ich bin nicht aus eigener Liebesbezeigung gekommen, sondern auf das Geheiß unsers Gottes; daher preist ihn ewiglich.

19 Während der ganzen Zeit, da ich euch sichtbar gewesen bin, habe ich weder gegessen noch getrunken, sondern eine Erscheinung habt ihr gesehen. [Es schien zwar so, als hätte ich mit euch gegessen und getrunken; aber ich genieße eine unsichtbare Speise und einen Trank, den kein Mensch sehen kann. (2)]

20 Und jetzt preist Gott, denn ich gehe wieder zu dem hinauf, der mich abgesandt hat, und schreibt alles, was geschehen ist, in ein Buch'.

21 Als sie nun aufstanden, sahen sie ihn nicht mehr;

22 sie priesen aber die großen und wunderbaren Taten Gottes und verkündeten, daß ihnen der Engel des Herrn erschienen sei.

13. Kapitel

Lobgesang des Tobit

1 Darauf schrieb Tobit ein Freudengebet nieder, das folgendermaßen lautete: 'Gepriesen sei Gott, der da ewiglich lebt, und sein Königtum!

2 Denn er züchtigt und erbarmt sich; er führt in die Unterwelt hinab und führt wieder herauf, und niemand kann seiner Hand entrinnen.

3 Preist ihn, ihr Kinder Israel, vor den Heiden, denn er ist's, der uns unter sie zerstreut hat.

4 Dort verkündet seine Herrlichkeit, erhebt ihn vor allen Lebenden! denn er ist unser Herr und Gott, er unser Vater in alle Ewigkeit.

5 Er wird uns züchtigen um unserer Vergehen willen, aber sich auch wieder

erbarmen und uns sammeln aus allen Völkern, wohin immer ihr unter sie zerstreut worden seid.

6 Wenn ihr euch mit ganzem Herzen und mit ganzer Seele zu ihm hinwendet, um Treue vor ihm zu üben, so wird er sich wieder zu euch wenden und sein Angesicht nicht mehr vor euch verbergen. Wenn ihr dann schauen werdet, was er mit euch tut, so werdet ihr ihn mit vollem Munde preisen und den Herrn der Gerechtigkeit rühmen und den ewigen König erheben. Ich preise ihn hier im Lande meiner Gefangenschaft und verkünde seine Macht und Herrlichkeit einem Volke von Sündern. Bekehrt euch, ihr Sünder, und übt Gerechtigkeit vor ihm! Wer weiß, ob er euch nicht annimmt und euch Barmherzigkeit angedeihen läßt?

7 Ich erhebe meinen Gott, und meine Seele gehört dem Könige des Himmels und soll ob seiner Herrlichkeit frohlocken.

8 Alle sollen sprechen und ihm danksagen in Jerusalem:

9 ›Jerusalem, du Stadt des Heiligen! er wird dich züchtigen wegen der Taten

deiner Söhne, aber sich auch der Söhne der Gerechten erbarmen.

10 Preise den Herrn, wie es recht ist und rühme den ewigen König, damit sein Zelt wieder in dir aufgerichtet werde mit Freuden und er in dir die Gefangenen beglücke und den Elenden in dir seine Liebe erweise von Geschlecht zu Geschlecht in alle Ewigkeit!‹

11 Viele Völker werden aus der Ferne kommen, um den Namen Gottes des Herrn anzubeten, mit Geschenken in den Händen, mit Geschenken für den König des Himmels; die künftigen Geschlechter alle werden dir zujauchzen.

12 Verflucht seien alle, die dich hassen! gesegnet werden alle sein, die dich lieben, in Ewigkeit.

13 Freue dich und frohlocke über die Söhne der Gerechten, denn sie werden versammelt werden und den Herrn der Gerechten preisen.

14 O selig die, welche dich lieben! Sie werden sich deines Friedens freuen. Selig die, welche getrauert haben ob all deiner Züchtigungen! Denn sie werden sich deiner freuen, wenn sie alle deine

Herrlichkeit schauen, und ihre Freude wird ewig währen.

15 Meine Seele preise Gott, den großen König!

16 denn Jerusalem wird aufgebaut werden mit Saphiren und Smaragden, deine Mauern mit köstlichem Gestein, deine Türme und Befestigungswerke mit lauterem Golde;

17 und die Straßen Jerusalems werden gepflastert sein mit Beryll, Karfunkel und Steinen aus Ophir;

18 und alle ihre Gassen werden Halleluja rufen und Lobpreis darbringen mit den Worten: *Gepriesen sei Gott, der dich erhöht hat, für alle Ewigkeit!*' Und Tobit endigte seinen Lobpreis.

14. Kapitel

Tobits Vermächtnis

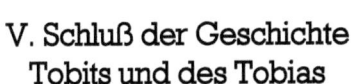

V. Schluß der Geschichte Tobits und des Tobias

1 Tobit war 58 Jahre alt, als er das Augenlicht verlor, und acht Jahre später wurde er wieder sehend.

2 Er spendete weiterhin Almosen und fuhr fort, Gott zu fürchten und ihn zu preisen.

3 Als er nun ein hohes Alter erreicht hatte, rief er seinen Sohn und dessen Söhne und sagte zu ihm: 'Mein Sohn, siehe, ich bin alt geworden und stehe im Begriff, aus dem Leben zu scheiden. So nimm denn deine Kinder

4 und ziehe nach Medien, denn ich glaube an alles, was der Prophet Jona über Ninive gesagt hat, daß es nämlich zerstört werden wird, während in Medien bis zu einer gewissen Zeit mehr Friede

herrschen wird, und daß unsere Brüder, die noch im Lande (Kanaan) sind, zerstreut werden weit hinweg von ihrer schönen Heimat; Jerusalem wird wüste liegen und das Haus Gottes in ihm verbrannt werden, und die Stadt wird eine Zeit lang verwüstet sein.

5 Aber Gott wird sich ihrer wieder erbarmen und sie in ihr Vaterland zurückkehren lassen. Sie werden dann den Tempel wieder aufbauen, aber nicht wie der frühere war, bis die Weltzeiten erfüllt sind. Darnach werden sie aus der Gefangenschaft heimkehren und Jerusalem prächtig aufbauen; auch das Haus Gottes wird darin als ein herrliches Bauwerk für alle Ewigkeit wiederhergestellt werden, wie die Propheten es angekündigt haben.

6 Und alle Völker werden sich dazu bekehren, Gott den Herrn aufrichtig zu fürchten, und werden ihre Götzenbilder vergraben.

7 Und alle Völker werden den Herrn preisen, und sein Volk wird Gott danken; und der Herr wird sein Volk zu Ehren bringen, und freuen werden sich alle, die

Gott den Herrn aufrichtig und nach Gebühr lieben, indem sie unsern Brüdern Barmherzigkeit erweisen.

8 Und nun, mein Sohn, ziehe von Ninive fort; denn sicherlich wird alles das eintreffen, was der Prophet Jona angekündigt hat'.

9 'Du aber halte das Gesetz und die Gebote, beweise dich liebestätig und gerecht, auf daß es dir wohlgehe.

10 Begrabe mich anständig und deine Mutter neben mir, und bleibt dann nicht länger in Ninive. Mein Sohn, bedenke, wie Haman an seinem Erzieher Achjachar gehandelt hat, wie er ihn aus dem Licht in die Finsternis geführt und wie er ihm vergolten hat. Aber Achjachar ist gerettet worden, während jener seinen Lohn erhielt und selbst in die Finsternis hinabfuhr. Manasse übte Wohltätigkeit und wurde aus der Schlinge des Todes gerettet, die jener ihm gelegt hatte. Haman aber fiel in die Schlinge und kam um.

11 Und nun, meine Kinder, bedenkt wohl, was die Mildtätigkeit vermag und wie die Gerechtigkeit errettet'. Während

er so noch redete, verschied er auf seinem Lager. Er war 158 Jahre alt, und man begrub ihn in allen Ehren.

12 Als dann auch Anna starb, begrub er sie neben seinem Vater. Tobias aber zog mit seiner Frau und seinen Kindern nach Ekbatana zu seinem Schwiegervater Raguel

13 und wurde alt in Ehren. Er bestattete seine Schwiegereltern ehrenvoll und erbte deren Vermögen, sowie das seines Vaters Tobit.

14 Er starb im Alter von 127 Jahren zu Ekbatana in Medien.

15 Vor seinem Tode erhielt er noch die Kunde von der Zerstörung Ninives, welches Nabuchodonosor und Asverus erobert hatten. So konnte er sich noch vor seinem Tode über Ninive freuen.

[Vor seinem Tod aber bekam er noch Kunde vom Untergang Ninives und er sah, wie die Gefangenen, die Achiachar, der König von Medien, genommen hatte, nach Medien gebracht wurden. Da pries er Gott für alles, was er den Leuten von Ninive und den Assyrern angetan hatte.

So freute er sich vor seinem Tod über

den Untergang Ninives und pries Gott den Herrn in alle Ewigkeit. (3)

Und als er neunundneunzig Jahre alt war, welche er in Gottesfurcht fröhlich zugebracht hatte, begruben ihn seine Verwandten. Und all sein Geschlecht blieb in heiligem Wandel und Leben, also daß sie angenehm waren vor Gott und den Leuten und allen, die im Lande wohnten. (4)

Und als er neunundneunzig Jahre in Glück und Gottesfurcht gelebt hatte, begrub ihn seine ganze Verwandtschaft. Und alle seine Nachkommen führten ein frommes Leben und einen heiligen Wandel. So fanden sie Gnade bei Gott und den Menschen und allen, die im Lande wohnten. (5)]

Anhang und Register

(1) vergleiche auch 1. Mose 6, 1 - 4; Hiob 1,2; Hiob 2,1; Hiob 38,7; 2. Petrus 2, 4; Hier ist immer wieder von den 'Söhnen Gottes' die Rede. Verleiche hierzu auch: Johannes Greber, Der Verkehr mit der Geisterwelt Gottes, seine Gesetze und sein Zweck

(2) Luther Bibel 1984

(3) Luther 2017

(4) Luther 1912

(5) Luther 1984

Die Apokryphen sind in wenigen Bibelübersetzungen verfügbar. Weitere Recherche und Vergleiche zum Bibelstudium sind empfohlen.

Kapitelüberschriften wurden teils übernommen aus den unterschiedlichen Übersetzungen nach Martin Luther.